RECUEIL

DE

FABLES PATOISES NOUVELLES

PAR

A. BIGOT.

Prix : 1 fr.

NIMES
IMPRIMERIE CLAVEL-BALLIVET ET Cᵉ
12, rue Pradier, 12.

—

1881

LOU LOÙ ET LA CIGOGNO.

FABLE IMITÉE DE LA FONTAINE.

—

Li Loù 'n manjan s'éntanchoun ; bèn souvèn
    Moustrigoun pa, faouto dé tèm,
    Et démandoun pa 'n curo-dèn.
    Doun, i noço dé sa cousino,
    Un Loù, counpagnoun charpentié,
En dé pè dé moutoun ounchè tan sa babino,
    Et tan d'afécioun yé métié,

Qu'un os s'arestè à soun gousié.
S'éstoufayo, ouvrissié dous yeul coumo dé paoumo.
Sa ménaïro, uno jouïno Saoumo,
Zou ! yé piquè sus lou couté ;
Un viel Our yé faguè béoure un litre dé thé,
Mai bonsoir ! l'os toujour réstavo ;
Ni sourtissié, ni davalavo.
Din soun carosso, urousamén,
Pér asar, dinc aquél moumèn,
Passè la Cigogno, — uno espèço
Dé médécin fumèlo émb'un ér dé duchesso,
Savanto et qu'avié fa 'n énguèn
Bon pér lis agassin et pér lou maou dé dèn.
Coumo ou pénsas, lèou la sounèroun,
Et dou Loù, vite anè ou sécous.
Anavo couménça pér yé touca lou pous....
Lou Loù s'éntanchè dé yé dire,
Dé sa pato et dé sis yeul gros :
M'éstoufe, tiras m'aquél os !
— Patienço : save bèn qué foou qué vou lou tire ;
Mai la fèbre.... la bilo.... aoussas voste méntoun !
Badas ! — Et soun bè coumo un parél dé mouchéto,
Din lou gousié dou Loù cabussè jusqu'ou foun
San y'ouféusa la nigouléto,
Et n'én tirè 'n os dé pè dé moutoun.
La Cigogno moustré l'os à touto la noço,

Et dinc un cantoun lou traguè ;
Pieï faguè signe à soun carosso,
Réfrésquè soun long bè din l'aïgo et partiguè.

La noço countugnè : fourmo, figuo-blanquéto,
Sé mésclèroun i tourto, i croquan, i barquéto ;
Li cansoun et li cacalas,
Arousa dé vin blan gayèroun lou répas.
Un Sinje énd'un viaouloun mounta sus la crédanço
Cridé : Messieus, aqui gn'a proun :
En plaço pér la contro-danso !
Et batié la mésuro én rasclan soun viaouloun.
Alor tou quitè la boumbanço ;
Dinc un vira dé man tout acò ségué 'ntrin :
Li saoumo éndi Lïoun, li Lèbre émbé li Chin,
Li Cavalo éndi Por, lis Our éndi Mounino,
Fasien déscarlimpado à sé roumpre l'ésquino.
Tou saoutavo et viravo ; uno Cabro énd'un Gal
Crébèroun lou plafoun én fasèn d'éntréchal ;
Un Boù député 'nvalida dé l'avan-vèyo
Fasié trambla li vitro én dansan la bourèyo ;
Et, faouto dé ménaïro, un Canar viel garçoun,
Dos ouro émb'un nabé valsè dinc un cantoun.

Et noste Loù.... Vouï, aquél s'én dounavo !
D'ici, d'ilaï, parpayounavo !

Lou capel sus l'ouréyo, anavo
Dé la Cabro à la Fédo, et cantavo et saoutavo !
Et dinc aquél bourbisse oublidé lèou dé foun
Et la Cigogno et soun oupéracioun.

Avié tout oublida. Maï quan vénguè Boucaïre,
— Désespoir di michan pagaïre, —
Réçoupéguè 'n papié qué pourtavo én éscri
Içò d'içi :
« Moussu lou Loù déou à Madamo la Cigogno,
» Pér y'avèdre tira 'n os dou gousié : Dès fran. »
— Dès fran ?.. un os ?.. dé qué diantre ?.. ah ! yé sïei, carogno !
Dès fran ! vaï, sé lis as, séra pa dé ma man ! —
Estrifè lou papié : té véj'aqui pagado,
Sou-diguè. — Ou bou bélèou d'uno mésado,
En suvissèn la traço d'un Lapin,
Réncountrè 'n dimenche matin
La Cigogno maï qué bén messo.
— Save pa sè végnié dou tèmple ou dé la messo, —
Pourtavo un libre. — En la vésèn,
Lou Loù, pér la fourbia, za ! prégnié sis avanço ;
L'aoutro véguè lou cò dé tèm,
Yé barè lou camin émb'uno révéranço,
Et yé faguè : té ! 's vous, coumpagnoun, adoussias ;
Aï bésoun d'arjèn ; couro mé pagas ?
— Couro vou pagué ? aça, maï dé qu'és qué vou dève ?

— Dès fran. Savés? Un jour qué vous éstoufavias...
— Din voste gò 'n tron mé curè sé béve !
    Dès fran ! aça, ou disès dé bon?
Save pa coumo aousas mé démanda quicon.
    Usurieiro ! faousso dévoto !
    Dès fran ! méritas dès caloto !...
Pér m'avèdre tira'n flò d'os, voulès d'arjèn ?
    Yiou séguère pu boni jèn,
    Vou laïssère sourti voste col dé ma gulo,
    Et vou démandère pa rèn.
Mi ner mé van ! moun san mé brulo !
Séguère bon. — Aqui lou gramécis — ténès !
Vése qué sès pa qu'uno ingrato,
Arivarié quicon, mayas sé mé crésès,
Mayas ! et toumbés pa jamaï souto ma pato !

    'Bèn ! coumo trouvas lou partis ?
    Iço 's quaou mé déou mè démando.
Maï,'s pa nouvel. Li qu'an réndu service an vis
    Qué la récounissènço ici coumo à Paris
    Es matièro dé contrabando.
    Tan qué préstas, ou qué dounas, vaï bèn.
    Boudïou ! sès la crèmo di jèn.
Maï quan avès pa pus ni crousto ni moulédo,

Sé réclamas vosto mounédo,
La boito alor chanjo d'énguèn :
Avès un abïajé, et ségu,'s pa dé sédo.
S'ès pa qu'un cuistre, un usurié,
Un buvur dé suzou d'ouvrié,
Bon pér la cordo et la poutènço !

— Eh bèn ! maougra'quélo séntènço,
Maougra li michan jèn et li michan counsél,
Ou drayoun dou dévé marchén ou gran sourél,
Tirén d'os di gousié, d'éspigno dis artél !
Ounou, proufi, récounissènço,
Soun pa toujour pér quaou faï bèn,
Estre aprouva pér sa counsiènço,
Voou maï et duro maï dé tèm !

LOU SINJE

DÉ LA LANTERNO MAJIQUO.

FABLE IMITÉE DE FLORIAN

Sus lou plan dis Arèno, ou tèm dé Sen-Miquèou,
Un artisto roulan, ancien sassur d'Afriquo,
Capel bouïta, nas rouje et brayo à gran carèou,
Moustravo, pér dous soou, la Lanterno majiquo.
Avié 'n gros Sinje emb' él qué yé disien Jaquò,
  Qué pér si tour et si grimaço
Atiravo lou mounde itan bèn qu'un payasso ;

Quitavo et métié soun sako,
Saoutavo soun mestre à sémèlo,
Jougavo dé la boumbo amaï di cabussèlo,
Viaoulounavo én dansan sus la cordo, — et fasié
L'ésercice coumo un troupié.

Un jour, la baraquo chaoumavo,
Et lou mestre èro ana s'ataoula ou cabaré.
Noste Sinje, qué s'anuyavo,
Gratavo sis aissèlo et fasié l'aoubre-dré ;
Piei badayavo et s'éstiravo....
Quan tou d'un cò partiguè coumo un fol
Sus un tambour, et lou pénjè à soun col,
Et *ran tan plan*, anè pér plaço et pér carieiro,
A la *Placèto*, i *Bourgado*, i *Couquièiro*,
Ou *Pous-Couchous*, ou *Capite*, à l'*Agaou*,
Pér couvida touti lis animaou,
San disténtioun dé coulou poulitiquo,
A véni san paga à la Lanterno majiquo.
Uno ouro après, un ta dé Cabro, dé Dindar,
Dé Chin, dé Ca, dé Por, dé Lapin, dé Canar,
Bestio dé tou péou et dé touto méno
Ténien tou lou plan dis Arèno
Et végnien ras dé la Baraquo én sé poussan.
Lou Sinje dé plési bavavo ;

Avié 'scampa soun tambour et cridavo,
Davan la porto éscala sus un ban :
Messieus, midamo, intras et vénès veire
    Aqueste éspétacle nouvel,
  Es bèou coumo sé po pa creire ,
Et bon pér li jouïne amaï pér li viel.
Countènte tou : lis yeul, lou cur et la mémoiro,
Et démande pa 'n soou : travayé pér la gloiro.
    Coumo ou pénsas, én d'aquél pris,
Tou séguè lèou clafi, partèro et paradis.
    Pieï éstanlèroun la machino,
Et barèroun pértou d'ounté végnié lou jour ;
    Et Jaquò din l'éscurésino,
Pér prépara soun mounde enteménè 'n discour,
    Savan, anuyous et pa cour....
San yé coumpréndre trò jusqu'ou bou l'éscoutèroun ;
    Dé tèms en tèm gn'aguè qué badayèroun ;
Mai quan aguè fini, touti l'aploudiguèroun.
    Noste Sinje, maï qué countèn,
    En boulégan sis usso rousso
Prén un veire pintra, zou ! din l'énjin lou pousso :
Sa coumo acò sé faï ; — et dé longo, ici-sèn,
    A mésuro qu'un veïre passo,
    Un aoutre veïre prén sa plaço,
    Et Jaquò faï l'ésplicatioun :
    Midamo et Méssieus, aténtioun !

Véj'aqui lou sourél, tan luzis qu'éscaludo,
Et la luno ou ciel blu qué monto panlo et mudo.
Iço 's Adam, piei Evo. Iço 's lis animaou,
Espinchas qué soun bèou, — et boutas fan pa maou,
      Amaï agoun pa dé mouraou. —
  Vèj'aqui la Ser, véj'aqui la Poumo ;
Véj'aqui Sènt-Antoino et soun por. — Véj'aqui
L'amoulaïre émbé lou marchan dé riquiqui ;
Lou Lïoun dé Flourènço et la Loubo dé Roumo....
Véj'aqui.... — L'assistanço ouvrissïé si quinqué,
      Estounado, — et y'avié dé qué !
Vésien parèn, tout èro éscur coumo la péguo.
    Un Ca, finocho et çerquo bréguo,
    Disiè tou plan : S'ave pa s'aï
    Li catarasso ou quicon maï ;
Péchaïre ! vése parèn dé cé qué nou conto.
Ni maï yiou, faguè 'n Chin, la moustardo mé monto.
    S'èro pa qué costo parèn,
    Mé fariei rèndre moun arjèn.
    Un Dindar carguè si lunéto :
    — Yiou, prénès ou coumo voudrés,
    Diguè, vése bèn quiquométo,
    Mai pode pa dire dé qu'és :
S'és un Ase, un jet d'aïgo ou 'n tayoun d'ouméléto.
    Et toujour noste Sinje, zèou !
    Tiravo et métié si tablèou ;

Toujour én parlan coumo un libre.
Et n'éscunlavo, et n'én disié ;
Savias pa d'ounte li sourtié.
Ségu, sé vivié yeui, l'ourien nouma *felibre*.
Mai pér tan qué parlesse bèn,
A si bèli résoun rés coumprégnié parèn ;
Rés vésiè pa cé qu'anounçavo.
Ah ! 's qu'un traou ou fifre manquavo :
Din sa furïo d'estanla
Sa gran scïenço, et dé counta si baliverno,
Lou paoure Sinje avié publida,
Dé qué?... — D'atuba sa lanterno !

Qué d'avouca, dé proufessur,
Dé députa, dé sénatur,
D'éscrivan, dé prédicatur
Et dé fèsur dé counférènço,
Din si discour oublidoun d'éstre cla ;
Et maougra touto sa scïenço,
Nou laïssoun fré, nou laïssoun fla,
Et nous an parèn di.... quan an fosso parla.
Ou mitan dé quaou vïou pér lou yé ou pér la taoulo,
Es bèou dé manéja la plumo ou la paraoulo ;
D'ésclaïra lis idèyo et d'éscaoufa li cur ;
Mai foou pa jamaï estre éscur !

Lou puple, yeui, à fam dé saoupre, voou apréndre ;
Es pa'n dé conte blu qué lou foou amusa ;
Parlén yé fran et roun ; pa bésoun dé biaïsa.
S'avèn pa lou talan dé nou faïre coumpréndre,
    Eh bèn ! soupéguén nou taïsa.

DIN LOU BARTAS....

—

Din lou bartas qu'Abrïou flouris,
Lou passéroun canto et s'eigréjo,
Et lou boutoun dé roso ris
Ou sourél qué lou poutounéjo.
Yiou, triste, ou pas dé moun oustaou,
Laisse passi roso et pansèyo ;

Aï pa qué tus din moun idèyo :
Quan siès pa 'qui, rèn mé faï gaou.

Quan té vèse pa siei pérdu ;
M'énvoou soulé long dï gran pivo,
Et régarde din lou ciel blu
Voula l'iroundèle et lou nivo....
Lou pra'n flou, lou bos soumbre et siaou,
L'ér lou pu dous et lou pu tèndre,
Cé qu'és bèou de veïre ou d'éntèndre,
Quan siès pa 'qui, rèn mé faï gaou.

Aïme l'aoubo claro et tranquilo,
La mar qué canto ou jour luzèn,
Et la luno qu'én sourizèn
Traï un mantel blan sus la vilo....
Eh bèn ! aoubo claro amoundaou,
Mar cantaïro, luno arjéntado,
Quan siès pa 'qui, ma bèn aïmado,
Quan siès pa 'qui, rèn mé faï gaou.

T'aïme, et san tus ma touto bèlo,
Rèn m'és pa rèn ; siès tou pér yiou.
Di jour d'iver, di gneu d'éstïou,
Siès la flamado et siès l'éstèlo.

Toun amour m'a prés moun répaou ;
Troubles ma vido émb'un sourire,
Et pamén, siei fourça d'ou dire :
Quan siès pa 'qui, rèn mé faï gaou !

L'ASE ET LOU CHIN.

FABLE IMITÉE DE LA FONTAINE.

—

Din la vido y'a dé moumén
Qu'avèn bésoun quaou qué séguén,
D'un cò dé man, d'un cò d'éspanlo ;
Foou qué lou jouïne aduje ou viel.
En s'adujan tou sé faï miel, —
Mèmo la mérlusso à la branlo.

Eh bèn! aquélo leï, l'Ase un jour l'oublidè.
— Save pa coumo sé faguè, —
Ou coumpréndrièï d'un ome ou d'uno aoutro pérsouno
Ma dé la par d'un Ase, acò m'éstouno ;
Car, gachas, l'Ase és bon énfan.
Doun, un matin, à travès cham,
Un Ase, un Chin émbè soun mestre,
Countén itan qué l'on pò ous estre
Quan on gagno soun flò dé pan,
S'én anavoun, balin, balan....
Ver dès ouro et mièjo arivèroun
Ou bor d'un pra. Coumo èroun las,
Souto un oume, ras d'un bartas,
Nosti trés panto s'aréstèroun....
Lou mestre, à l'oumbro s'alounguè,
Badayè 'n s'éstiran et pièi s'éndourmiguè.
L'Ase, én vésèn qué roupiyavo,
Dé la ribo intrè din lou pra....
Dé drécho et dé gaoucho, cri, cra,
Ici-sèn, sa machoiro anavo.
Dou tèm qué l'Ase tourtiyavo,
Lou Chin, mouqué, lou régardavo ;
Ourié vougu n'én faïre itan ;
Mai la canastèlo dou pan,
Dé noste Ase èro sus l'ésquino....
Lou Chin y'alounguè si babino,

Mai, mèmo én saoutan, pougué pa
L'arapa.
Ou bourisque, alor, faguè : Camarado,
Baïsso-té 'n paou, siei un paou cour,
Laïsso-mé préndre uno béquado.—
Mai noste Asc faguè lou sour,
Et za ! tourtiyavo toujour.
— Lou paoure Chin toujour rénavo :
Baïsso-té 'n paou, dé qué té faï ?
Aï fam, moun éstouma s'énvaï.
Déspiei dos crousto dé froumaje
Qué manjère pér moun soupa,
— Vaï estre miéjour, — aï parèn tasta.
Té, gacho, aï pa pus dé couraje;
Sièguez brave, anén, baïsso-té,
Et laïsso-mé préndre un crousté....
— Pajén dé résponso. Lou Bouro
Carculavo qu'én réspoundèn,
Euh ! poudié perdre un cò dé dèn.
Enfin, anuya, faï ou Chin qué plouro :
Es pa bésoun dé tan japa ;
Yiou siei pa mestre dé la biasso.
Noste mestre lèou sé drévéyara
Et té bayara
Ta par dé fricasso.

Vé, té counsèye d'éspéra.
Lou Chin s'én anè, testo et couito basso....

Et, cò sus cò,'n foutraou dé Loù,
Dou pra sé moustrè à l'aoutre bou.
San quinqua lou mò ver l'Ase marchavo,
Et s'avançavo.... et s'avançavo....
End'yeul, uno gulo et dé dèn
Qué marquavoun dé michan tèm....
L'Ase sé plantè sus si quatre fère :
La visto dou Loù
Yé dounè lou tramble et li trés suzou,
Et dé sa vois raouquo : — Aï ! vène mé quère,
Cridè ou Chin ; l'ami, vite, à moun sécous !
— Lou Chin restè fré coumo un çerquo-pous.
— Vite à moun sécous ! vite, camarado !
Quanto grosso bestio !... Ou sécous, moun Dïou !
S'aprocho.... és aqui.... mé régardo.... bado....
Aï, quante malur ! vaï saouta sus yiou !
Vite, à moun sécous ! Vite, camarado !
Faï fuje aquél Loù !
Zou ! zou !
Japo-yé, couris-yé, mor-lou !...
— Lou Chin, san boulégua dé plaço,
Réspoundéguè d'un plan baguasso :

Lou mestre dor, mai vaï, séra lèou drévéya....
    Mai 'n aténdèn qué sé drévéye,
    S'as tan poou qué lou Loù t'éspèye,
    Vé, té counsèye de maya.
    Piei sé lou Loù té saro trò de proche,
    T'amuses pa 'a yé faïre dé réproche ;
Hier t'an féra dé noou ; piquo-lou ou moure, et zou !
    Li cambo én l'ér, éspandis-lou.
    Lou Chin éncaro pérouravo,
    Qué déjà lou Loù coumo un fol,
    Tégniè noste Ase pér lou col, —
    Et vou résponde qué quichavo.
    L'Ase aguè bèou à réguina ;
    Coumo un agnel séguè sanna.

    Siei pa ici pér résouna l'Ase ;
    Mai done pa résoun ou Chin.
    Tan pis sé la peïro qué trase,
    Euh ! tombo din voste jardin.
    Pa d'haïssioun, pa dé vénjènço ;
L'énnémi qu'és ou soou és pa pus l'énnémi ;
Sé nou crido sécous, dévèn lou sécouri.
Aqui lou dré camïn, et la grando scïénço !
    Quaou sé vénjo sé faï michan.

Lou pérdoun grandis, la vénjènço abaïsso.
Voui, à quaou nous éstrifo et di grifo et di maïsso,
Voui, à quaou nou maoudis alounga nosto man,
Véj'aqui cé qu'és bèou, véj'aqui cé qu'és gran !

Nimes.— Typ. CLAVEL-BALLIVET et Cⁱᵉ, rue Pradier, 12.

www.ingramcontent.com/pod-product-compliance
Lightning Source LLC
Chambersburg PA
CBHW070527050426
42451CB00013B/2883